Impressum
Verlag: BABADADA GmbH, Nedderfeld 112 , 22529 Hamburg
Geschäftsführer / Verlagsleitung: Harald Hof
Druck: Books on Demand GmbH, In de Tarpen 42, 22848 Norderstedt

Imprint
Publisher: BABADADA GmbH, Nedderfeld 112 , 22529 Hamburg, Germany
Managing Director / Publishing direction: Harald Hof
Print: Books on Demand GmbH, In de Tarpen 42, 22848 Norderstedt

سکول

colegio

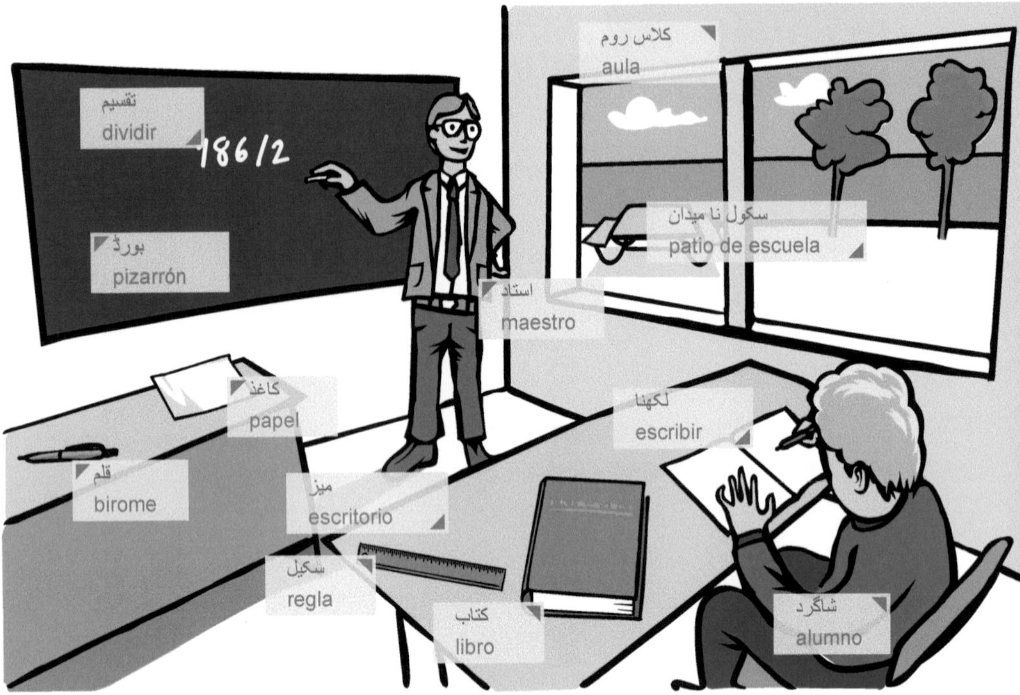
کلاس روم
aula
تقسیم
dividir
186/2
سکول نا میدان
patio de escuela
بورڈ
pizarrón
استاد
maestro
کاغذ
papel
لکھنا
escribir
قلم
birome
میز
escritorio
سکیل
regla
کتاب
libro
شاگرد
alumno

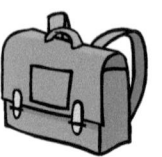

جزدان

mochila

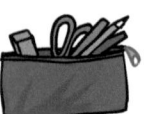

پینسل دا ڈبہ

caja de lápices

پینسل

lápiz

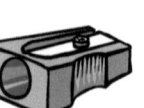

پینسل شارپنر

sacapuntas

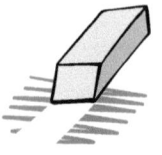

ربر

goma (de borrar)

ڈرائنگ پیڈ

bloc de dibujo

ڈراٸنگ

dibujo

پینٹ برش

pincel

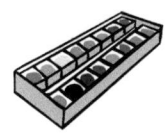

پینٹ باکس

caja de pinturas

قینچی

tijera

گلو

pegamento

مشقی کتاب

cuaderno de ejercicios

گھر دا کم

tarea

12

عدد

número

2+2

جمع

sumar

5-2

تفریق

restar

2×2

ضرب

multiplicar

کیلکولیٹ

calcular

A

خطرہ

letra

ABCDEFG HIJKLMN OPQRSTU VWXYZ

حروف تہجی

abecedario

hello

لفظ

palabra

متن

texto

پڑھنا

leer

چاک

tiza

سبق

lección

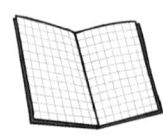

رجسٹر

cuaderno de clase

امتحان

examen

سند

certificado

سکول کی وردی

uniforme escolar

تعلیم

educación

انسائیکلوپیڈیا

enciclopedia

یونیورسٹی

universidad

مائیکرو سکوپ

microscopio

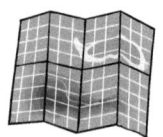

نقشہ

mapa

کچرے دا ڈبہ

tacho (de basura)

سفر

viaje

Grand
ہوٹل
hotel
ہاسٹل
hostel
ROOMS
EXCHANGE
ایکسچینج دفتر
casa de cambio
سوٹ کیس
valija
کار
auto

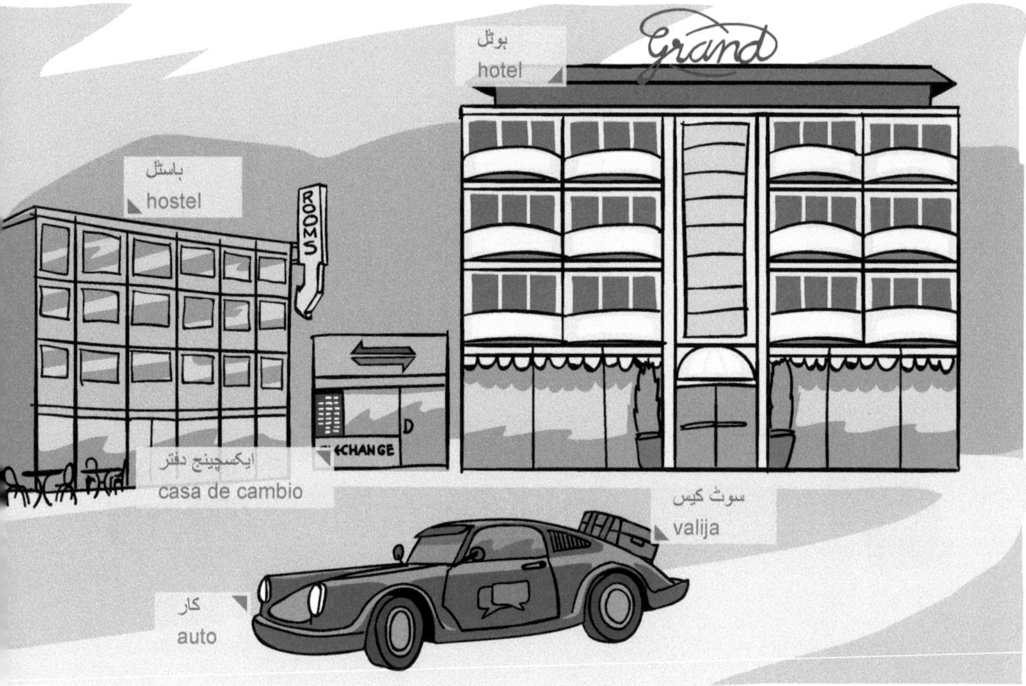

بولی

idioma

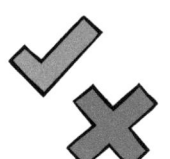

ہاں /نئیں

sí / no

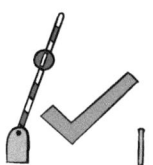

ٹھیک ہے

Está bien

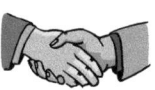

اسلام و علیکم

hola

ترجمان

traductor

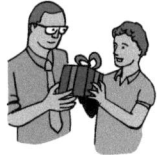

شکریہ

Gracias

ایہہ کنے نے ؟

¿cuánto cuesta…?

می سمجھ نئیں رہی

No entiendo

مسئلہ

problema

اسلام و علیکم

¡Buenas tardes!

اسلام و علیکم

¡Buenos días!

اللہ حافظ

¡Buenas noches!

اللہ نے حوالے

adiós

سمت

dirección

سامان

equipaje

بیگ

bolso

بیک پیک

mochila

مہمان

invitado

کمرہ

habitación

سلینگ بیگ

bolsa de dormir

خیمہ

carpa

سياح لئى معلومات
....
información turística

ساحل سمندر
....
playa

كريڈٹ كارڈ
....
tarjeta de crédito

ناشتہ
....
desayuno

دوپہر نا كهانا
....
almuerzo

رات نا كهانا
....
cena

ٹكٹ
....
pasaje

لفٹ
....
ascensor

مہر
....
sello

بارڈر
....
frontera

كسٹمز
....
aduana

ايمبيسى
....
embajada

ويزا
....
visa

پاسپورٹ
....
pasaporte

ٹرانسپورٹ

transporte

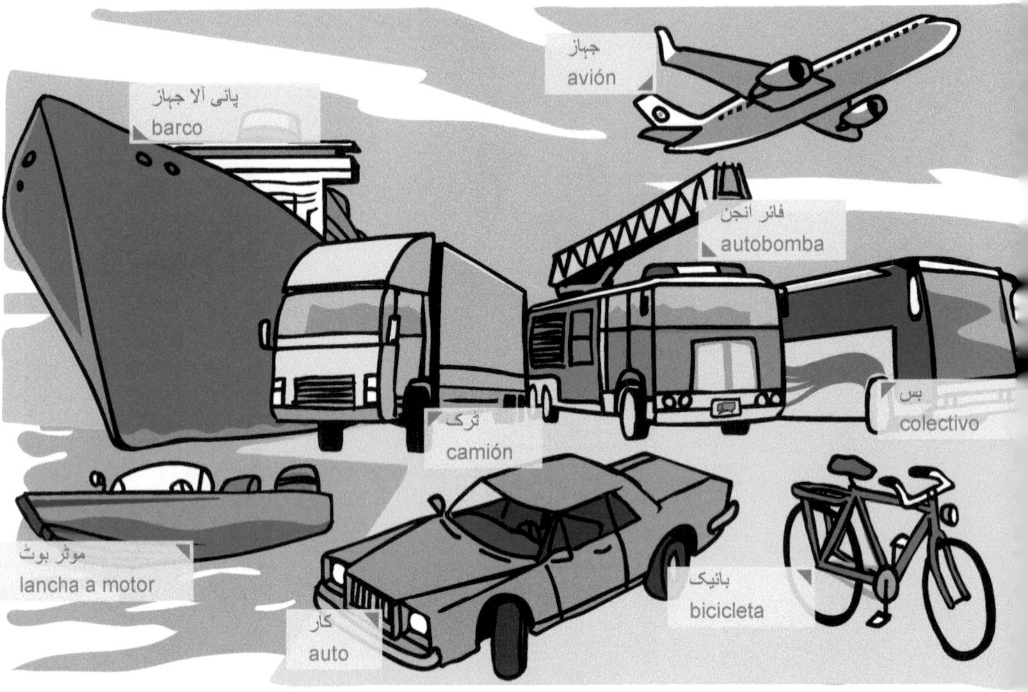

جہاز
avión
پانی آلا جہاز
barco
فائر انجن
autobomba
بس
colectivo
ٹرک
camión
موٹر بوٹ
lancha a motor
بائیک
bicicleta
کار
auto

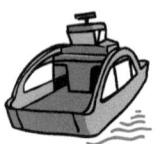

فیری
....
ferry

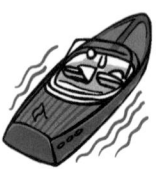

کشتی
....
bote

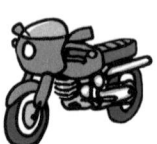

موٹر بائیک
....
moto

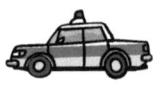

پولیس کار
....
patrullero

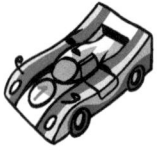

ریسنگ کار
....
auto de carreras

کرایہ نی گڈی
....
auto de alquiler

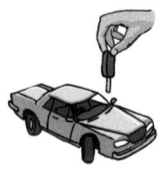

كار شئنرنگ

alquiler de autos

بریک ڈاؤن ٹرک

grúa

ریفیوز ٹرک

camión de basura

موٹر

motor

فیول

nafta

پٹرول سٹیشن

estación de servicio

ٹریفک سائن

señal de tránsito

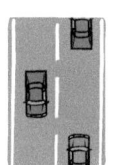

ٹریفک

tránsito

ٹریفک جام

embotellamiento

کار پارک

estacionamiento

ریل سٹیشن

estación de tren

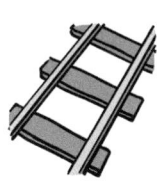

ٹریکس

vías

ریل

tren

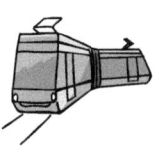

ٹرام

tranvía

کیرج

vagón

بیلی کاپٹر

helicóptero

ائر پورٹ

aeropuerto

مینار

torre

مسافر

pasajero

کنٹینر

contenedor

کاٹن

caja de cartón

چھکڑا

carretilla

بالٹی

canasta

اڑنا / لِبنا

despegar / aterrizar

پنڈ

pueblo

سٹی سینٹر

centro de ciudad

کھار

casa

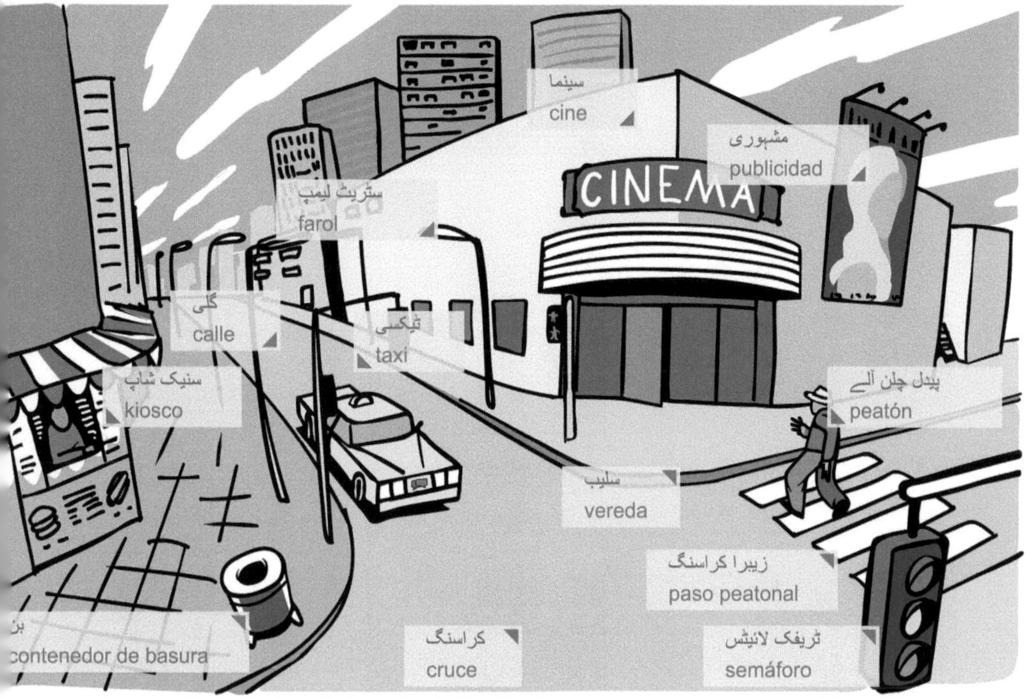
سینما
cine
مشہوری
publicidad
CINEMA
سٹریٹ لیمپ
farol
گلی
calle
ٹیکسی
taxi
سنیک شاپ
kiosco
پیدل چلن آلے
peatón
سلیب
vereda
زیبرا کراسنگ
paso peatonal
contenedor de basura
کراسنگ
cruce
ٹریفک لائیٹس
semáforo

ہٹ

cabaña

فلیٹ

departamento

ریل سٹیشن

estación de tren

ٹاؤن ہال

municipalidad

MUSEUM

میوزئیم

museo

سکول

colegio

يونيورسٹی

universidad

بینک

banco

ہسپتال

hospital

ہوٹل

hotel

فارمیسی

farmacia

دفتر

oficina

کتب خانہ

librería

ہٹی

negocio

پھلاں الے

florería

سپر مارکیٹ

supermercado

بازار

mercado

ڈیپارٹمنٹ سٹور

grandes tiendas

مچھیرے

pescadería

شاپنگ سینٹر

centro comercial

بندرگاہ

puerto

پارک

parque

بنچ

banco

پل

puente

سیڑھیاں

escaleras

انڈر گراؤنڈ

subte

ٹنل

túnel

بس سٹاپ

parada del colectivo

بار

bar

ریسٹورنٹ

restaurante

پوسٹ بکس

buzón

سٹریٹ سائن

letrero

پارکنگ میٹر

parquímetro

چڑیا گھار

zoológico

سونمنگ پول

pileta

مسجد

mezquita

فارم

granja

آلودگی

contaminación

قبرستان

cementerio

چرچ

iglesia

پلے گراؤنڈ

juegos infantiles

مندر

templo

منظر

paisaje

پتہ
hoja

سائن پوسٹ
poste indicador

راہ
camino

سر سبز میدان
pradera

پتھر
piedra

درخت
árbol

بانگر
excursionista

دریا
río

کاھ
hierba

پھل
flor

وادی

valle

پہاڑی

montaña

نہر

lago

جنگل

bosque

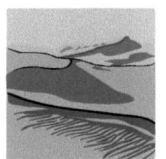

صحرا

desierto

آتش فشاں

volcán

قلعہ

castillo

رین بو

arco iris

کھمبی

champiñón

پام ٹری

palmera

مچھر

mosquito

مکھی

mosca

چیونٹا

hormiga

مکھی

abeja

مکڑی

araña

بهونرا

escarabajo

مينڈک

rana

گلهری

ardilla

سیپہ

erizo

ساہیا

liebre

الو

lechuza

پرندہ

pájaro

راج ہنس

cisne

نر سور

jabalí

برن

ciervo

بارہ سنگا

alce

ڈیم

presa

ونڈ ٹربائن

aerogenerador

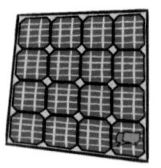

شمسی توانائی دا پینل

panel solar

آب و ہوا

clima

ریسٹورنٹ

restaurante

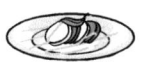

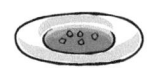

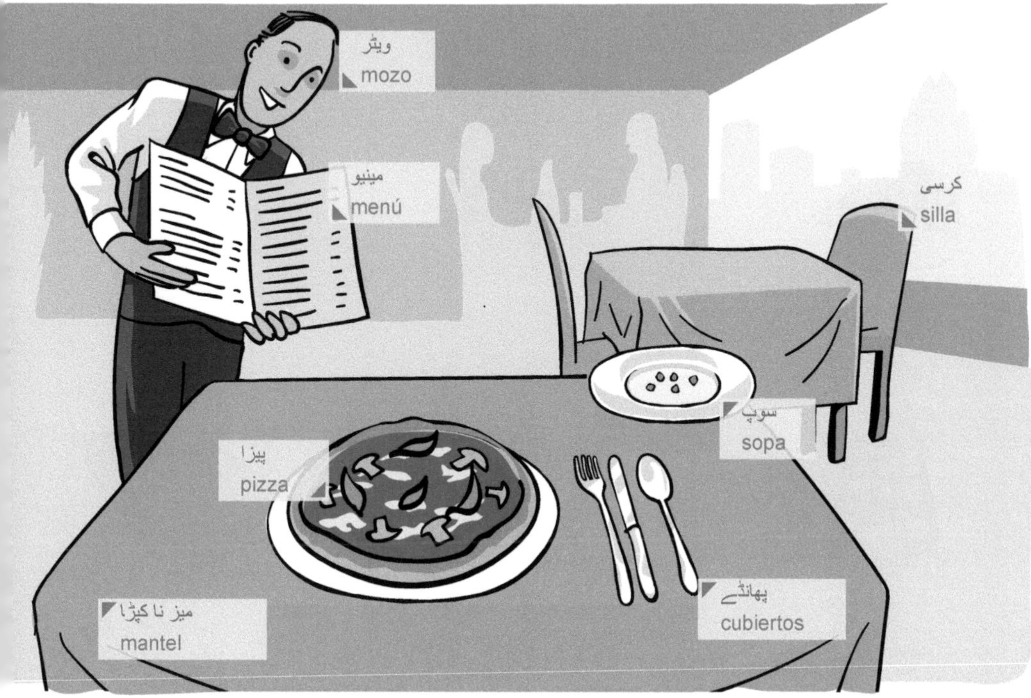

ویٹر
mozo
مینیو
menú
کرسی
silla
سوپ
sopa
پیزا
pizza
میز نا کپڑا
mantel
پھانڈے
cubiertos

سٹارٹر

entrada

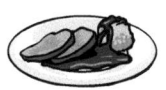

مین کورس

plato principal

ڈیزرٹ

postre

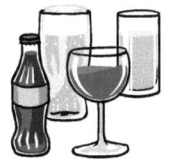

مشروب

bebidas

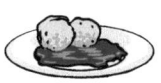

کھانا

comida

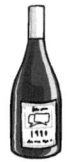

بوتل

botella

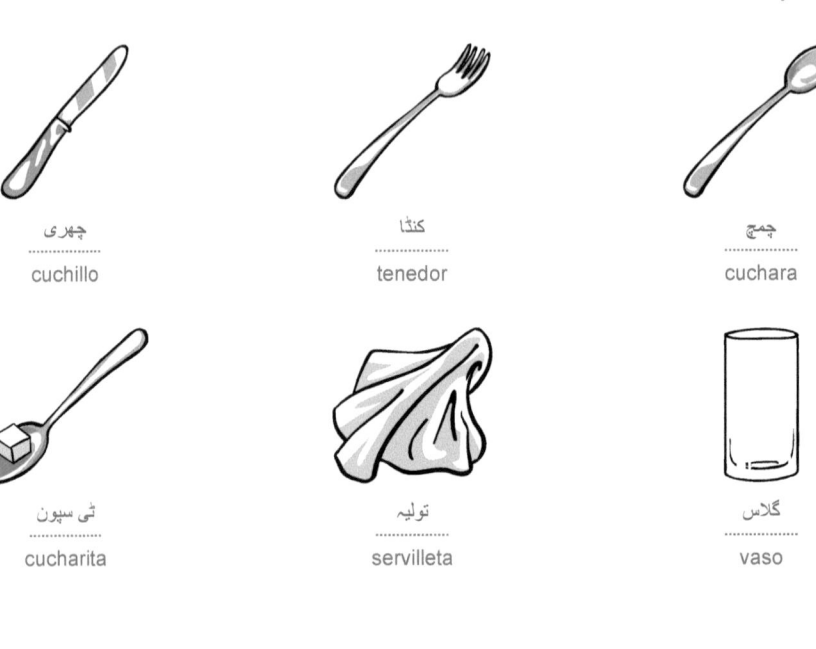

فاسٹ فوڈ
comida rápida

سٹریٹ فوڈ
comida callejera

ٹی پاٹ
tetera

شوگر بول
azucarera

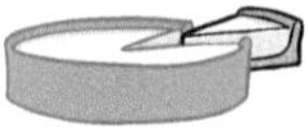

پورشن
porción

اسپریسو مشین
cafetera expreso

بے بی چیئر
sillita alta

بل
cuenta

ٹرے
bandeja

چھری
cuchillo

کانٹا
tenedor

چمچ
cuchara

ٹی سپون
cucharita

تولیہ
servilleta

گلاس
vaso

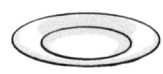

پلیٹ

plato

سوپ پلیٹ

plato hondo

ساسر

plato

چٹنی

salsa

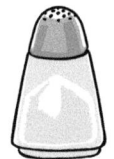

نمک دانی

salero

پیپر مل

molinillo de pimienta

سرکہ

vinagre

تیل

aceite

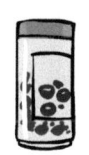

مصالحہ

especias

کیچپ

kétchup

سرسبینوں

mostaza

مینیز

mayonesa

سپر مارکیٹ

supermercado

سپیشل آفر
oferta especial
FOR
گاہک
cliente
ڈیری
lácteos
پھل
fruta
ٹرالی
changuito

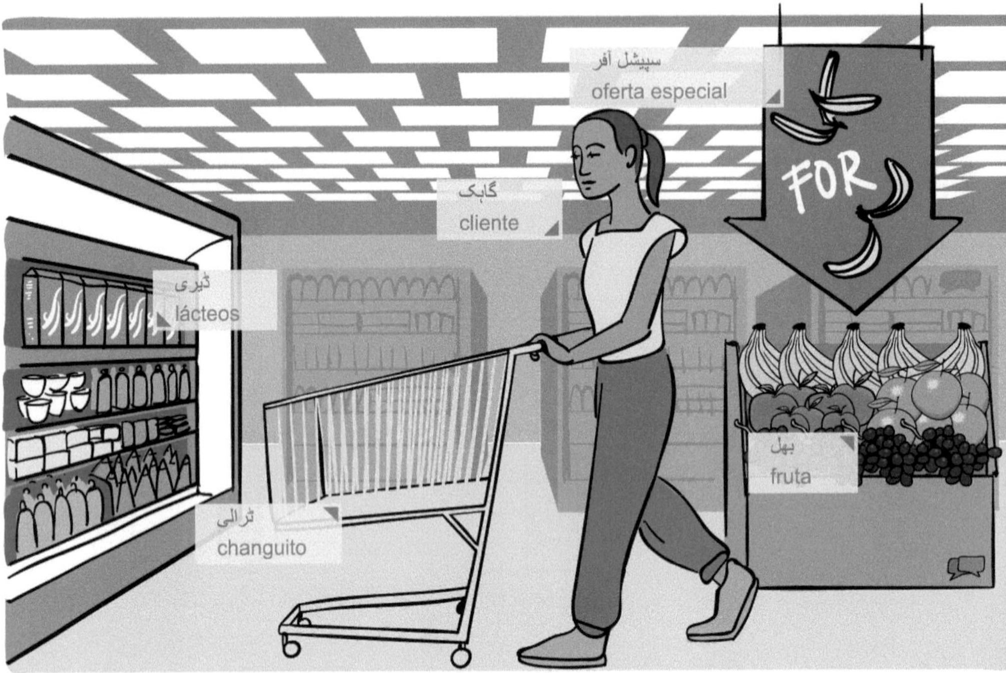

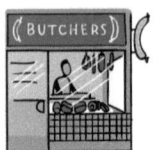

BUTCHERS

قصائی

carnicería

BAKERY

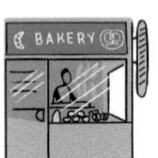

بیکرز

panadería

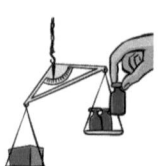

وزن

pesar

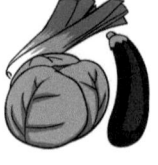

سبزیاں

verduras

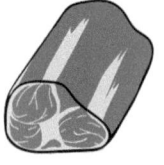

گوشت

carne

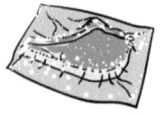

فروزن فوڈ

alimentos congelados

كولڈ گوشت

fiambres

ٹن فوڈ

alimentos enlatados

واشنگ پوڈر

detergente en polvo

مٹھائی

golosinas

کھار دیاں چیزاں

electrodomésticos

صفائی آلی چیزاں

productos de limpieza

سیل مین

vendedora

ٹِل

caja

کیشئیر

cajero

شاپنگ لسٹ

lista de compras

کھلن دا ویلا

horario de atención

پرس

billetera

کریڈٹ کارڈ

tarjeta de crédito

بیگ

cartera

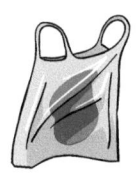

پلاسٹک بیگ

bolsa de plástico

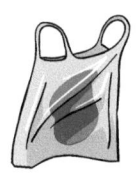

سپر مارکیٹ - supermercado

پانی

agua

جوس

jugo

ددھ

leche

کوک

bebida cola

شراب

vino

شراب

cerveza

شراب

alcohol

کوکا

cacao

چا

té

کافی

café

اسپریسو

café expreso

کپیچینو

cappuccino

كيلا

banana

سيب

manzana

موسمبى

naranja

تربوز

melón

نيمبو

limón

گاجر

zanahoria

لہسن

ajo

بانس

bambú

پياز

cebolla

کھمبى

champiñón

ميوے

nueces

نوڈلز

fideos

سپیگیٹی

tallarines

چاول

arroz

سلاد

ensalada

چپس

papas fritas

تلے ہوئے آلو

papas fritas

پیزا

pizza

بیم برگر

hamburguesa

سینڈوچ

sándwich

تکے

churrasco

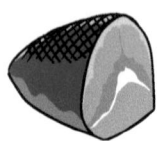

بیم

jamón

سلامی

salame

ساسِج

salchicha

مرغی

pollo

بھنیا ہویا

asado

مچھی

pescado

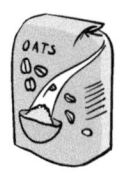

جو نا دلیه

copos de avena

مولی

muesli

کارن فلیکس

copos de maíz

آٹا

harina

کرائسنٹ

medialuna

بریڈ رول

pancito

روٹی

pan

ٹوسٹ

tostada

بسکٹ

galletitas

مکهن

manteca

دہی

cuajada

کیک

torta

انڈا

huevo

تلیا انڈا

huevo frito

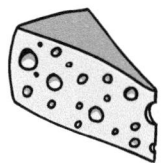

پنیر

queso

آئس کریم

helado

چینی

azúcar

شہد

miel

جام

mermelada

چاکلیٹ سپریڈ

pasta de chocolate

سالن

curry

فارم
granja

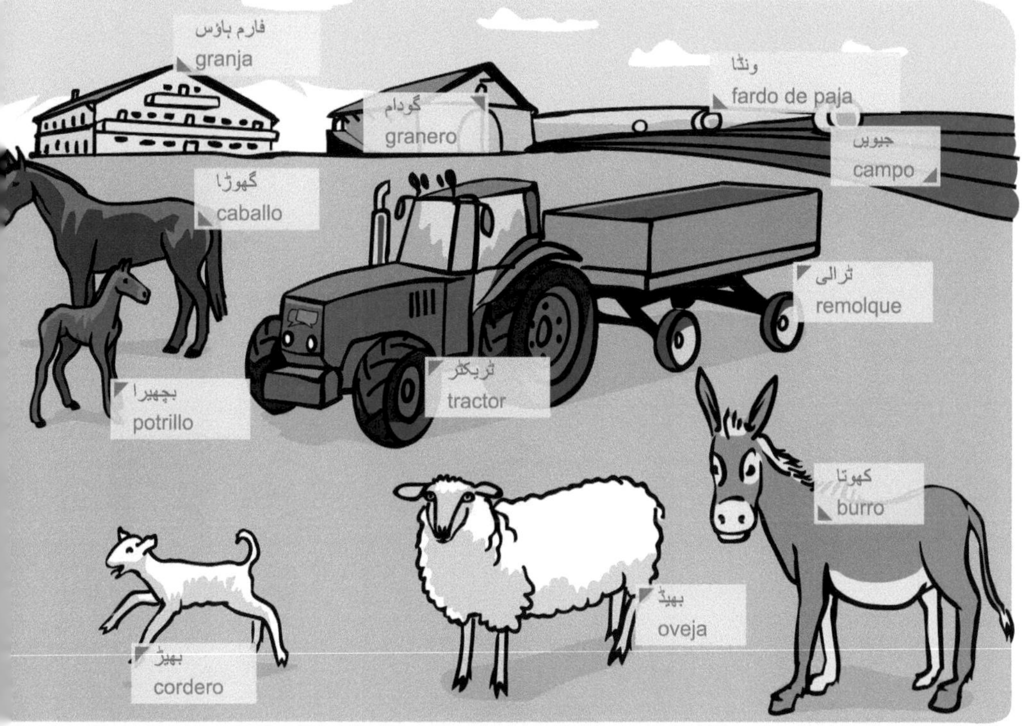

فارم ہاؤس
granja
گودام
granero
ونڈا
fardo de paja
جیویں
campo
گھوڑا
caballo
ٹرالی
remolque
بچھیرا
potrillo
ٹریکٹر
tractor
کھوتا
burro
بھیڑ
oveja
بھیڑ
cordero

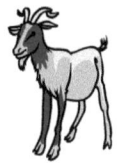

بکری

cabra

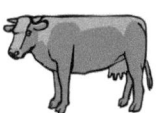

گاں

vaca

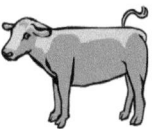

بچھڑا

ternero

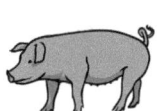

سور

cerdo

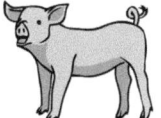

پگ لیٹ

lechón

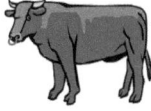

بیل

toro

بطخ

ganso

بطخ

pato

چوزه

pollo

مرغی

gallina

مرغا

gallo

چوبا

rata

بلی

gato

چوبا

ratón

بیل

buey

کتا

perro

کتے نا کھار

cucha

لان نا پائپ

manguera

پانی نا ڈبی

regadera

درانتی

guadaña

ہل

arado

درانتی

hoz

بو

azada

ترنگل

horquilla

کوہاڑی

hacha

ریڑھی

carretilla

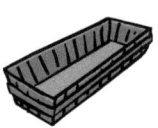

ڈونگا

abrevadero

ددھ نا ٹبہ

lechera

بورا

bolsa

باڑ

reja

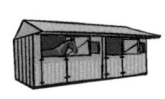

اصطبل

establo

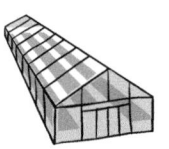

گرین باؤس

invernadero

مٹی

suelo

بیج

semilla

کھاد

fertilizador

کمبائن ہارویسٹر

cosechadora

فصل

cosechar

فصل

cosecha

يامز

batatas

كنک

trigo

سويا

soja

آلو

papa

مكئى

maíz

تلى

semilla de colza

پهلدار درخت

árbol frutal

كاساوا

mandioca

اناج

cereales

کھار

casa

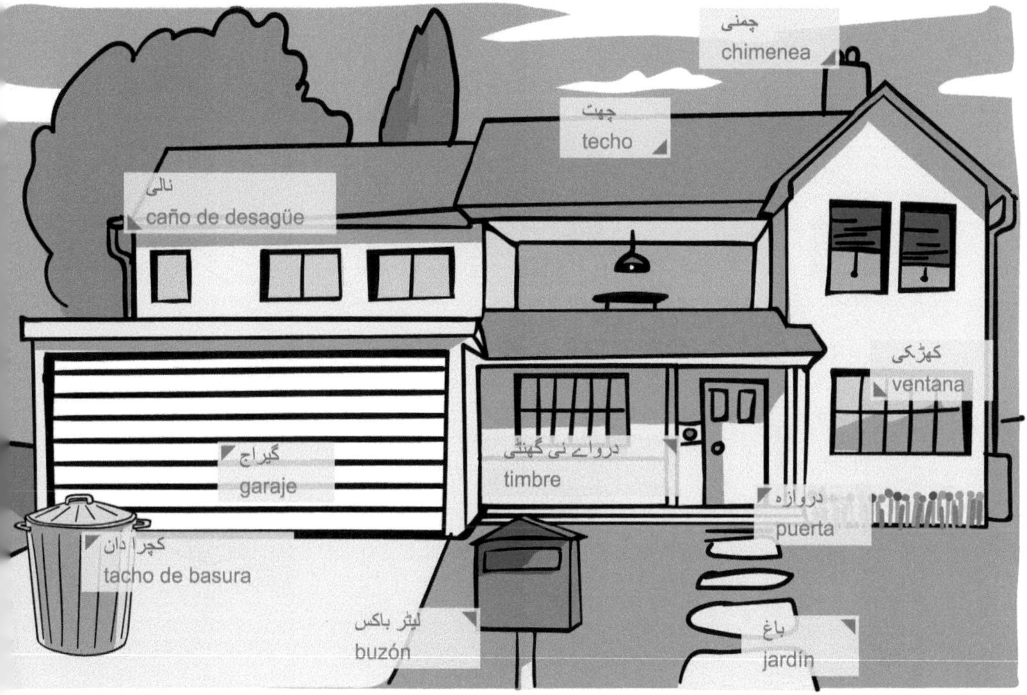

چمنی
chimenea
چھت
techo
نالی
caño de desagüe
کھڑکی
ventana
گیراج
garaje
دروائے نی گھنٹی
timbre
دروازہ
puerta
کچرا دان
tacho de basura
لیٹر باکس
buzón
باغ
jardín

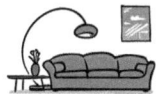

لونگ روم

living

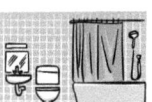

باتھ روم

baño

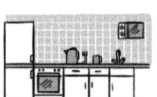

باورچہ خانہ

cocina

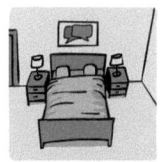

بیڈروم

dormitorio

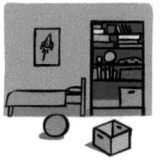

بچیاں نا کمرہ

cuarto de los chicos

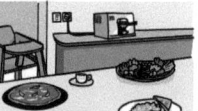

ڈائننگ روم

comedor

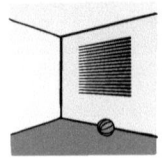

فرش

piso

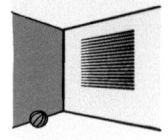

دیوار

pared

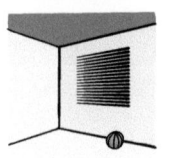

چھت

cielorraso

سلھا

sótano

سوانا

sauna

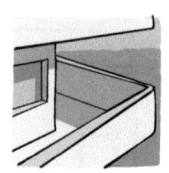

بالکنی

balcón

ٹیرس

terraza

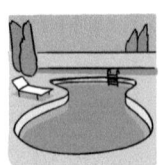

پول

pileta

لان موور

cortadora de pasto

شیٹ

sábana

بیڈ سپریڈ

acolchado

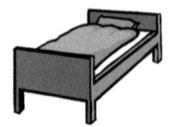

بیڈ

cama

جھاڑو

escoba

بالٹی

balde

سونچ

interruptor

لونگ روم
living

وال پیپر
empapelado
تصویر
imagen
لیمپ
lámpara
شیلف
estante
الماری
armario
ٹیلیویژن
televisión
آگ دان
chimenea
پھل
flor
کشن
almohadón
صوفہ
sofá
گلدان
florero
ریموٹ کنٹرول
control remoto

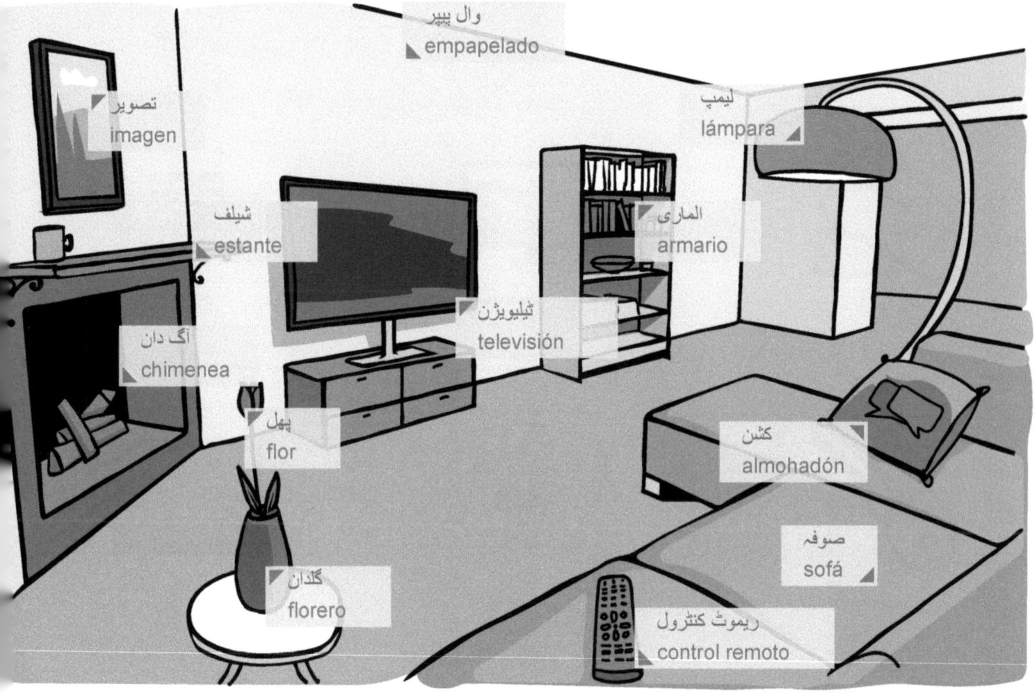

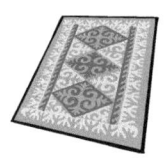

قالین
alfombra

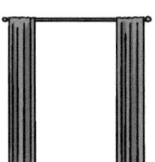

پردے
cortina

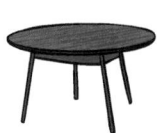

میز
mesa

کرسی
silla

راکنگ چئیر
mecedora

آرم چئیر
sillón

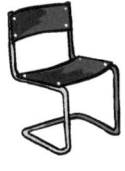

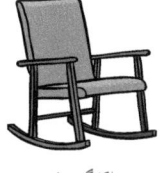

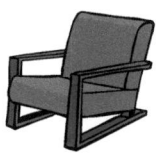

كتاب

libro

كمبل

frazada

ڈیکوریشن

decoración

کوئلے

leña

فلم

película

بجانے والے آلات

equipo de música

چابی

llave

اخبار

diario

پینٹنگ

pintura

پوسٹر

póster

ریڈیو

radio

نوٹ پیڈ

cuaderno

ہوور

aspiradora

کیکٹس

cactus

موم بتی

vela

باورچہ خانہ
cocina

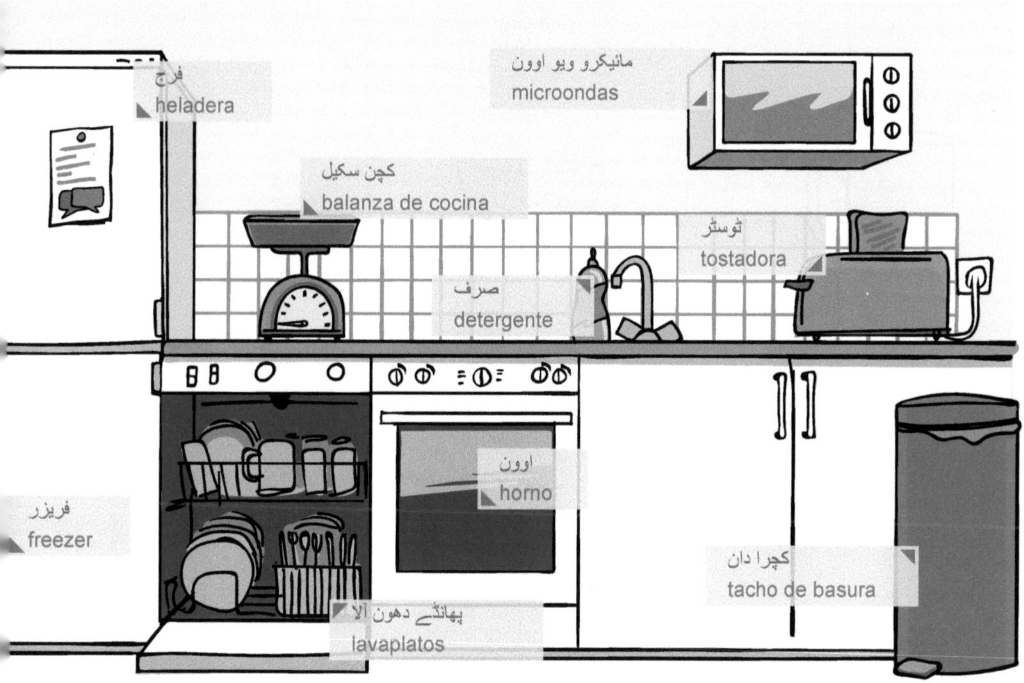

فرج
heladera
مائیکرو ویو اوون
microondas
کچن سکیل
balanza de cocina
ٹوسٹر
tostadora
صرف
detergente
اوون
horno
فریزر
freezer
کچرا دان
tacho de basura
پھانڈے دھون آلا
lavaplatos

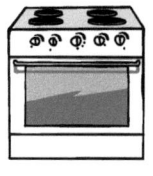

ککر

cocina

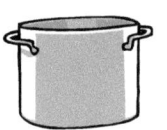

پاٹ

olla

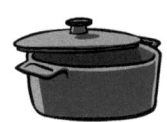

کاسٹ آئرن پاٹ

olla de hierro fundido

ووک / کدائی

wok

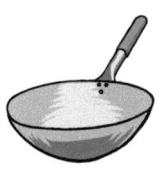

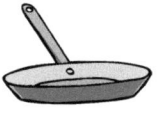

پین

sartén

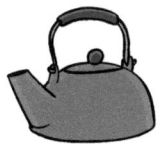

کیتلی

pava

سٹیمر

vaporera

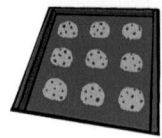

بیکنگ ٹرے

bandeja de horno

پھانڈے

vajilla

مگا

taza

پیالہ

bol

چوپ سٹکس

palitos

کرچھل

cucharón

اسپالی

estpátula

پھینٹن آلا

batidora

چھننا

colador

چھننی

colador

جھاواں

rallador

کھان پکان آلا چمچہ

mortero

باربی کیو

parrilla

چولھا

fogata

کٹنگ بورڈ

tabla de picar

رولنگ پن

palo de amasar

کارک سکرو

sacacorchos

کین

lata

کین کھلون آلا

abrelatas

پاٹ پگڑن آلا

manopla

سنک

pileta

برش

cepillo

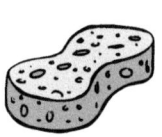

سپنج

esponja

بلینڈر

batidora

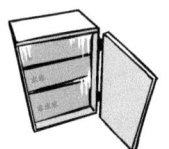

ڈیپ فریزر

congelador

بچے نی بوتل

mamadera

ٹوٹی

canilla

باتھ روم

baño

شاور
ducha
ہیٹنگ
calefacción
تولیہ
toalla
شاور کرٹن
cortina de ducha
ببل باتھ
baño de espuma
نہان آلا ٹب
bañadera
گلاس
vaso
واشنگ مشین
lavarropas
ٹوٹی
canilla
ٹائل
baldosas
پاخانہ
pelela
سنک
pileta

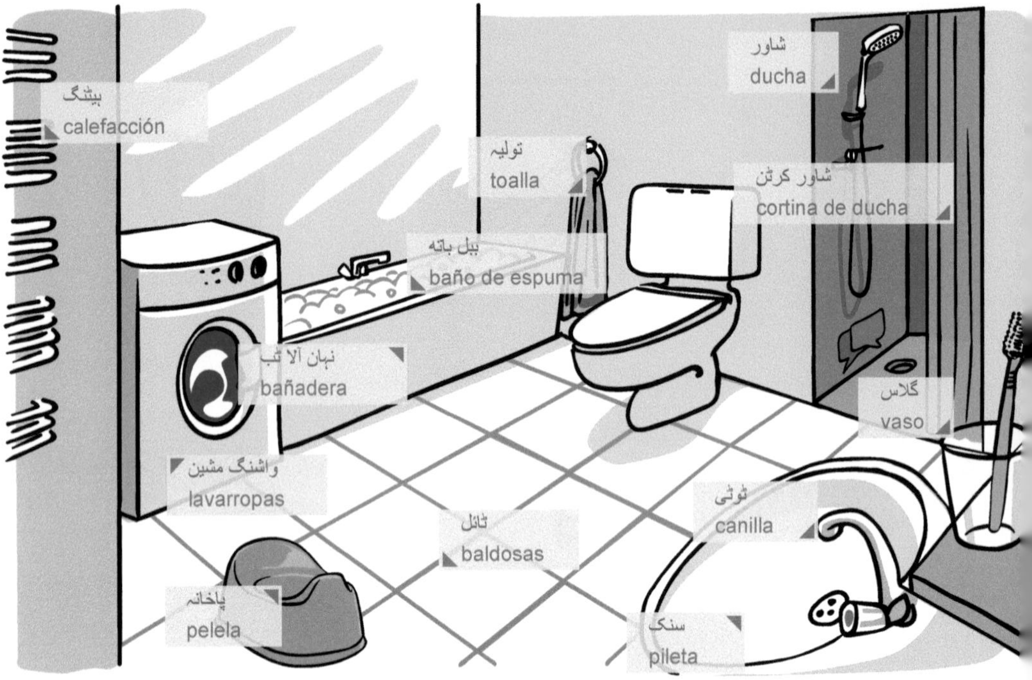

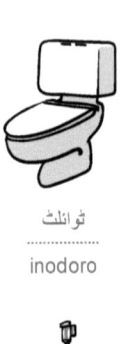

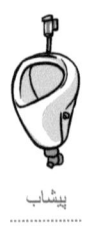

ٹوائلٹ

inodoro

ٹوائلٹ

letrina

بڈٹ

bidé

پیشاب

mingitorio

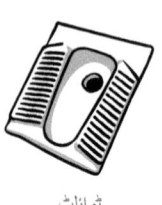

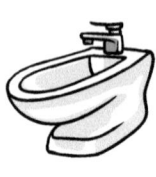

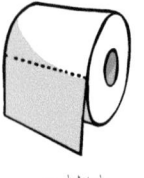

ٹوائلٹ پیپر

papel higiénico

ٹوائلٹ برش

cepillo para el inodoro

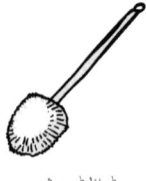

ٹوتھ برش

cepillo de dientes

ٹوتھ پیسٹ

dentífrico

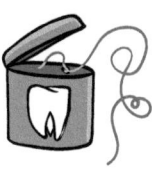

ڈینٹل فلاس

hilo dental

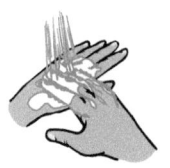

دھونا

lavar

ہتھ وچ پھڑن آلا شاور

ducha de mano

شاور

ducha higiénica

بیسن

palangana

بیک برش

cepillo para espalda

صابن

jabón

شاور جیل

gel de ducha

شیمپو

shampoo

فلالین

toallita

نالی

desagüe

کریم

crema

ڈیوڈرنٹ

desodorante

آئینہ

espejo

بتہ آلا شیشہ

espejito

استرا

maquinita de afeitar

شیونگ فوم

espuma de afeitar

آفٹر سیو

aftershave

کنگھا

peine

برش

cepillo

ہئیر ڈرائر

secador de pelo

ہئیر سپرے

spray

میک اپ

maquillaje

لپ سٹک

lápiz de labios

ناخن نی وارنش

esmalte para uñas

کاٹن وول

algodón

ناخن کتر

tijera para uñas

پرفیوم

perfume

واش بيگ

portacosméticos

پاخانه

banqueta

وزن دا پیمانه

balanza

باته نی الماری

bata

ربر نے دستانه

guantes de goma

بفر

tampón

تولیه سٹینڈ

toallita femenina

کیمیکل ٹوائلٹ

baño químico

بچیاں نا کمرہ

cuarto de los chicos

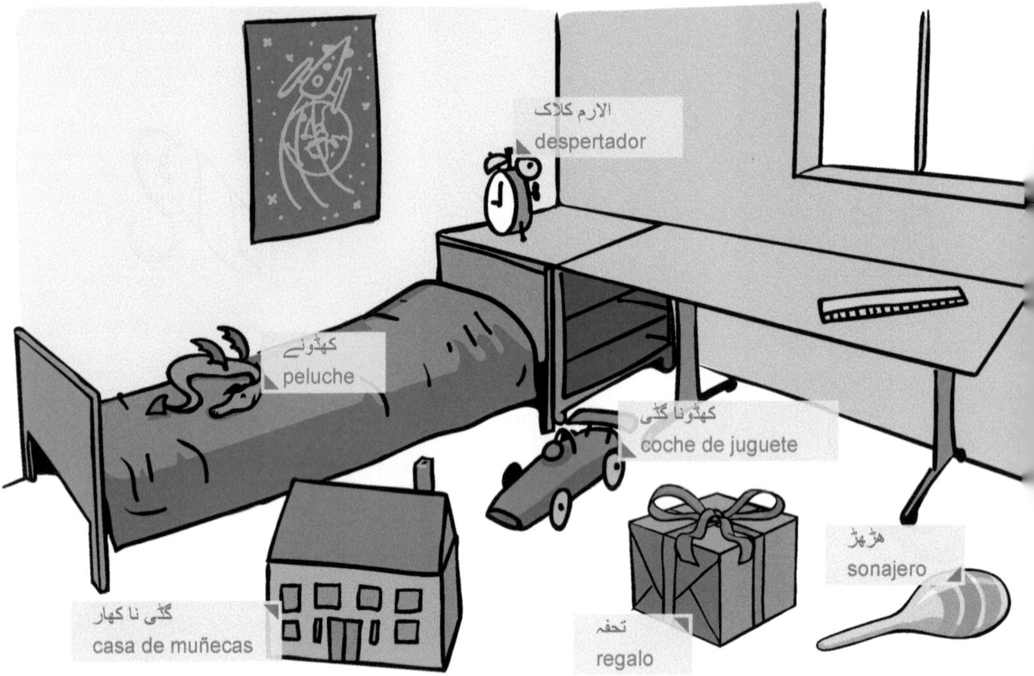

الارم کلاک
despertador
کھڈونے
peluche
کھڈونا گڈی
coche de juguete
ھڑھڑ
sonajero
گڈی نا کھار
casa de muñecas
تحفہ
regalo

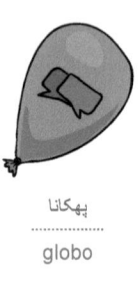

پھکانا

globo

بیڈ

cama

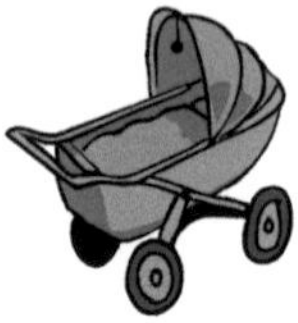

پرام

cochecito

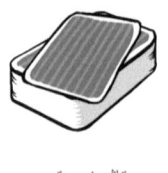

تاش نے پتے

cartas

جگ سا

rompecabezas

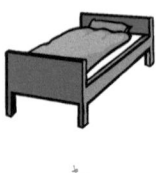

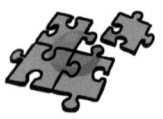

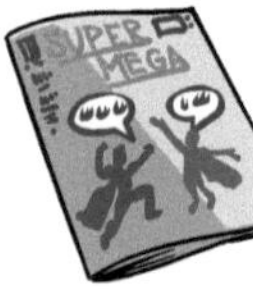

SUPER
MEGA

کامک

historieta

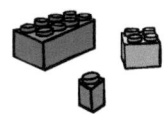

لیگو برکس

piezas de lego

بلڈنگ بلاکس

ladrillos de juguete

کھڈونا

figura de acción

بےبی گرو

enterito (de bebé)

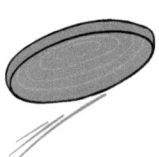

فرزوی

frisbee

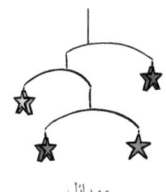

موبائل

móvil para bebés

بورڈ گیم

juego de mesa

ڈائس

dados

ماڈل ٹرن سیٹ

tren eléctrico

ڈمی

chupete

پارٹی

fiesta

تصویری کتاب

libro de cuentos ilustrado

گیند

pelota

گڈی

muñeca

کھیلڈنا

jugar

سینڈ پٹ

arenero

جھولا

hamaca

کھڈونے

juguetes

ویڈیو گیم کنسول

consola de videojuegos

ٹرائی سائیکل

triciclo

ٹیڈی بئیر

osito de peluche

الماری

armario

جراباں

medias

جراباں

medias panty

ٹائٹس

calzas

سکارف
bufanda

چھتری
paraguas

ٹی شرٹ
remera

بیلٹ
cinturón

بوٹ
botas

سلیپر
pantuflas

جوگر
zapatillas

سینڈل
sandalias

جوتی
zapatos

ربر نے جوتی
botas de goma

انڈر وئیر
ropa interior

برا
corpiño

بنیان
chaleco

جسم
body

پاجامہ
pantalones

جینز
jeans

سکرٹ
pollera

برا
blusa

قمیض
camisa

سوئیٹر
pulóver

بوڈی
buzo

کوٹ
blazer

جیکٹ
campera

کوٹ
tapado

برساتی
piloto

کاسٹیوم
traje

کپڑے
vestido

شادی نا جوڑا
vestido de novia

سوٹ

traje

راتے نے کپڑے

camisón

پاجامہ

pijama

ساڑھی

sari

سکارف

pañuelo para cabeza

پگڑی

turbante

برقعہ

burka

کفتان

caftán

برقعہ

abaya

نہان والے کپڑے

traje de baño

انڈرونیر

short de baño

نیکر

shorts

ٹریک سوٹ

jogging

دھوتی

delantal

دستانے

guantes

بٹن

botón

چشمہ

anteojos

بریسلیٹ

pulsera

ہار

collar

انگوٹھی

anillo

کنٹے

aro

ٹوپی

gorra

کوٹ ہینگر

percha

ٹوپی

sombrero

ٹائی

corbata

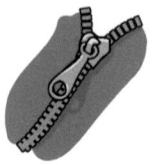

زپ

cierre

ہیلمٹ

casco

بریسز

tiradores

سکول نی وردی

uniforme escolar

وردی

uniforme

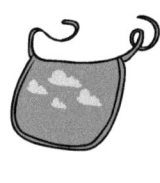

بب

babero

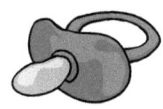

ڈمی

chupete

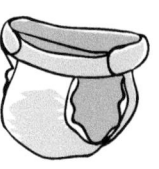

ناپی

pañal

دفتر

oficina

سرور
servidor
فائلاں نے الماری
archivero
کاغذ
papel
پرنٹر
impresora
مانیٹر
monitor
ماؤس
mouse
میز
escritorio
فولڈر
carpeta
کی بورڈ
teclado
کچرے نا ڈبہ
tacho (de basura)
کمپیوٹر
computadora
کرسی
silla

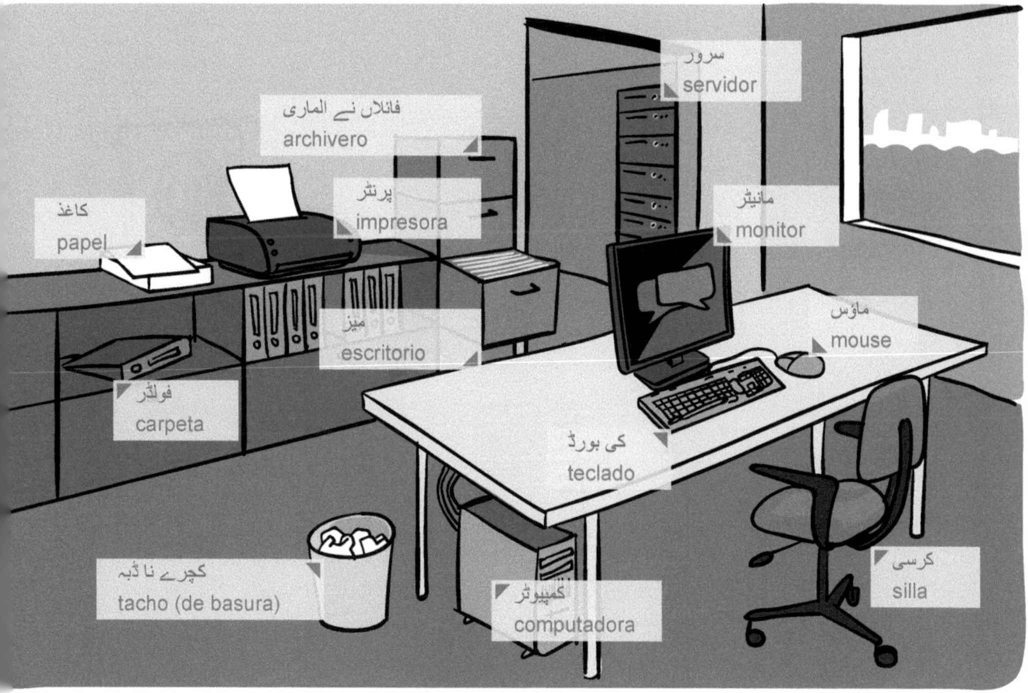

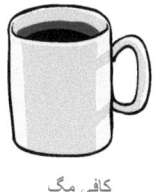

کافی مگ

taza de café

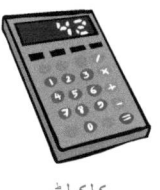

کیلکولیٹر

calculadora

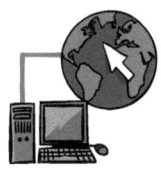

انٹرنیٹ

internet

لیپ ٹاپ

laptop

خط

carta

پیغام

mensaje

موبائل

celular

نیٹ ورک

red

فوٹو کاپنیر

fotocopiadora

سافٹ ونیر

software

ٹیلیفون

teléfono

پلگ ساکٹ

tomacorriente

فکس مشین

fax

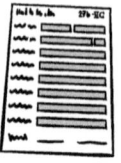

فارم

formulario

دستاویزات

documento

خریدنا

comprar

ادا کرنا

pagar

تجارت

hacer negocios

پیسہ

dinero

 **USD**

ڈالر

dólar

 **EUR**

یورو

euro

 **JPY**

ین

yen

 **RUB**

ربل

rublo

 **CHF**

سویس فرانک

franco suizo

 **CNY**

رینمینبی یوان

yuan

 **INR**

روپیہ

rupia

کیش پوائنٹ

cajero automático

ایکسچینج دفتر

casa de cambio

سونا

oro

چاندی

plata

تیل

petróleo

توانائی

energía

قیمت

precio

معاہدہ

contrato

ٹیکس

impuesto

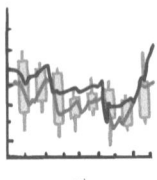

سٹاک

acción

کم

trabajar

ملازم

empleado

أجر

empleador

فیکٹری

fábrica

بٹی

negocio

ocupaciones

پلس افسر
policía ▶

اگ بجھان آلا
bombero ▶

کک
cocinero ▶

ڈاکٹر
médico ▶

پائلٹ
piloto

مالی
jardinero

برھئی
carpintero

درزن
modista

جج
juez

کیمسٹ
farmacéutico

ایکٹر
actor

پیشہ - ocupaciones

53

بس ڈرائیور

colectivero

ٹیکسی ڈرائیور

taxista

مچھیرا

pescador

صفائی والی جنانی

mucama

روفر

techista

ویٹر

mozo

شکاری

cazador

پینٹر

pintor

بیکری آلا

panadero

الیکٹریشن

electricista

تعمیرات آلا

albañil

انجینئیر

ingeniero

قصائی

carnicero

پلمبر

plomero

پوسٹ مین

cartero

سپاہی

soldado

آرکیٹیکٹ

arquitecto

کیشیئر

cajero

پھلاں آلا

florista

نائی

peluquero

کنڈکٹر

cobrador

مکینک

mecánico

کپتان

capitán

دندان ساز

dentista

سائنس دان

científico

ربائی

rabino

امام

imán

راہب

monje

انگریز

sacerdote

herramientas

بتهوڑا
martillo

پلائر
tenaza

سکریو ڈرائیور
destornillador

سپینر
llave

ٹارچ
linterna

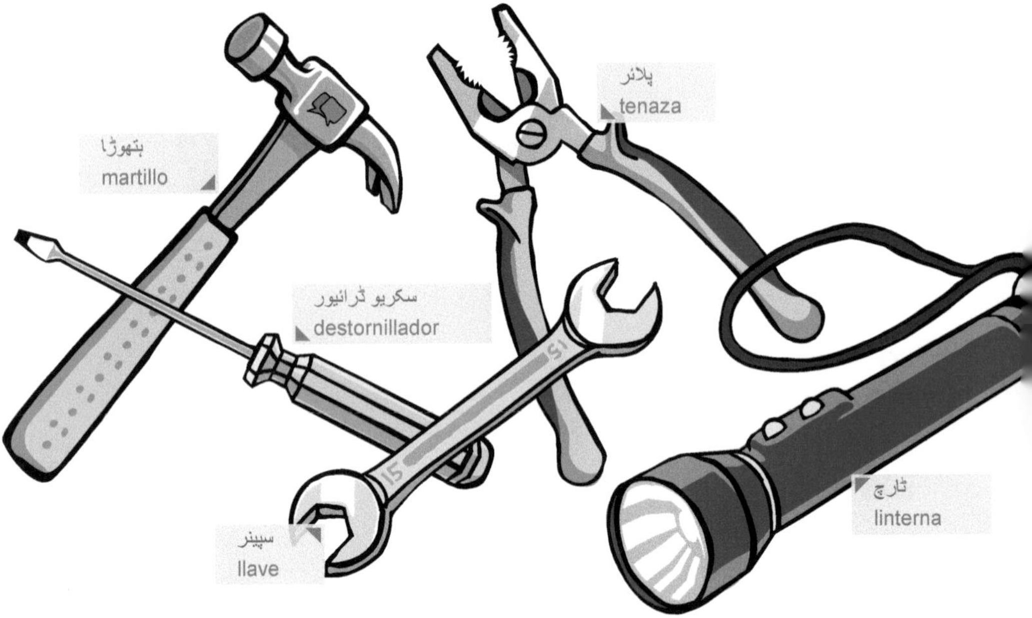

پھاوڑا

excavadora

ٹول باکس

caja de herramientas

سیڑھی

escalera portátil

آری

sierra

کیل

clavos

ڈرل

taladro

مرمت

arreglar

شاول

pala de jardín

لعنت!

¡Qué bronca!

ڈسٹ پین

pala de plástico

پینٹ پاٹ

tacho de pintura

سکریوز

tornillos

موسیقی نے آلات

instrumentos musicales

ڈرم کٹ
batería

لاؤڈ سپیکر
parlante

گٹار
guitarra

ڈبل بیس
contrabajo

نرسنگی
trompeta

پیانو

piano

وائلن

violín

بیس

bajo

ٹمپانی

timbales

ڈرمز

tambor

کی بورڈ

teclado

سیگزوفون

saxofón

بانسری

flauta

مائکروفون

micrófono

چڑیا کھار

zoológico

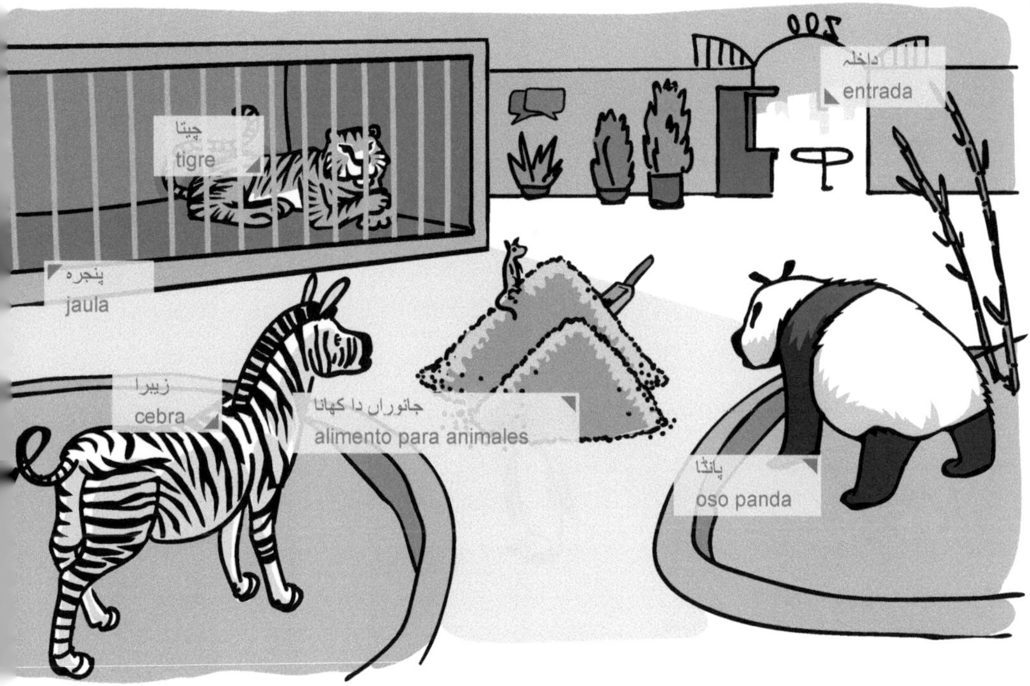

داخلہ
entrada
چیتا
tigre
پنجرہ
jaula
زیبرا
cebra
جانوراں دا کھانا
alimento para animales
پانڈا
oso panda

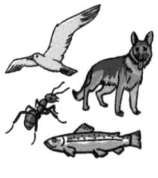

جانور

animales

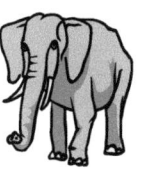

ہاتھی

elefante

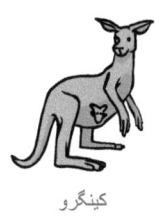

کینگرو

canguro

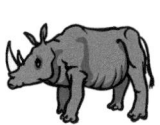

گینڈا

rinoceronte

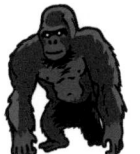

گوریلا

gorila

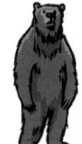

ریچھ

oso

اونٹ

camello

شترمرغ

avestruz

شیر

león

باندر

mono

فلیمنگو

flamenco

طوطا

loro

برفانی ریچھ

oso polar

پینگوئین

pingüino

شارک

tiburón

مور

pavo real

سپ

serpiente

مگرمچھ

cocodrilo

چڑیا گھر دا رکھوالا

cuidador del zoológico

سیل

foca

جیگوار

jaguar

پونی

poni

لیپرڈ

leopardo

ہپو

hipopótamo

زرافہ

jirafa

چیل

águila

نر سور

jabalí

مچھی

pescado

کیچھوا

tortuga

والرس

morsa

لومبڑ

zorro

گیزل

gacela

امریکن فٹبال
fútbol americano

سائیکلنگ
ciclismo

ٹینس
tenis

باسکٹ بال
básquet

سوئیمنگ
natación

باکسنگ
boxeo

آئس ہاکی
hockey sobre hielo

فٹبال
....
fútbol

بیڈ منٹن
....
bádminton

ایتھلیٹکس
....
atletismo

ہینڈ بال
....
handball

سکیینگ
....
esquí

پولو
....
polo

چھال مارنا
saltar

بنسنا
reír

چھپی پانا
abrazar

چلنا
caminar

گانا گانا
cantar

خواب
soñar

دعا
rezar

بوسہ
besar

لکھنا
escribir

لیک لانا
dibujar

وکھانا
mostrar

دھکا
presionar

دینا
dar

لینا
tomar

ہے وے

tener

کرنا

hacer

ہو

ser

کھلونا

estar parado

دوڑنا

correr

چھیکنا

tirar

سٹنا

tirar

ٹھینا

caer

جھوٹ

estar acostado

انتظار

esperar

چکنا

llevar

بیٹھنا

estar sentado

کپڑے پانا

vestirse

سونا

dormir

جاگنا

despertar

ویکھنا

mirar

رونا/چلانا

llorar

سٹروک

acariciar

کنگھا

peinar

گل کرنا

hablar

سمجھنا

entender

پوچھنا/دسنا

preguntar

سننا

escuchar

پینا

beber

کھانا

comer

تیار ہونا

ordenar

محبت

amar

پکانا

cocinar

گڈی چلانا

manejar

اڑنا

volar

سمندری سفر

navegar

کیلکولیٹ

calcular

پڑھنا

leer

سیکھنا

aprender

کم

trabajar

شادی

casarse

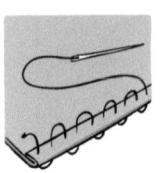

سیونا

coser

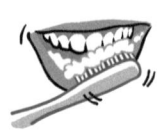

دند صاف

cepillarse los dientes

قتل

matar

دھواں

fumar

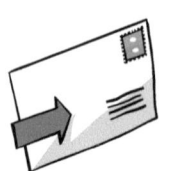

بھیجنا

enviar

کنبہ

familia

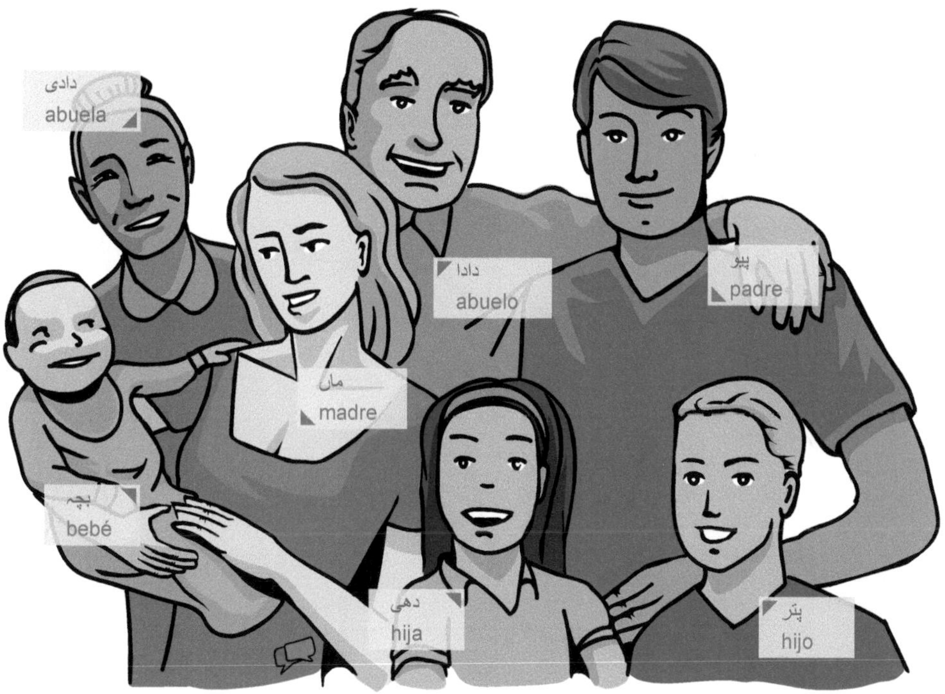

دادی
abuela
دادا
abuelo
پیو
padre
ماں
madre
بچہ
bebé
دھی
hija
پتر
hijo

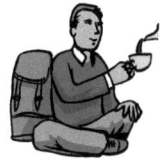

مہمان
invitado

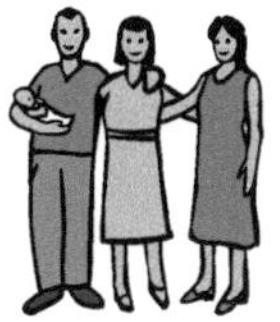
ماسی / پھو
tía

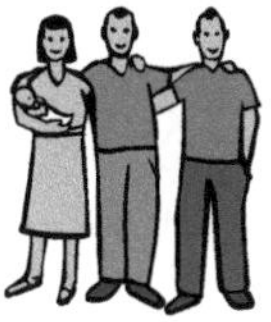
چاچا/ماما
tío

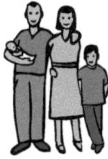

بھرا
hermano

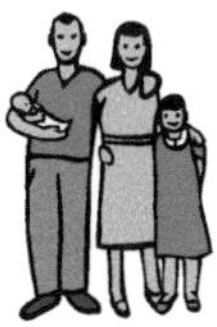
بہن
hermana

جسم

cuerpo

متھا
frente
اکه
ojo
منڈھے
hombro
انگلی
dedo
منہ
cara
ٹھوڑی
pera
بتہ
mano
لت
pierna
چھاتی
pecho
بانہ
brazo

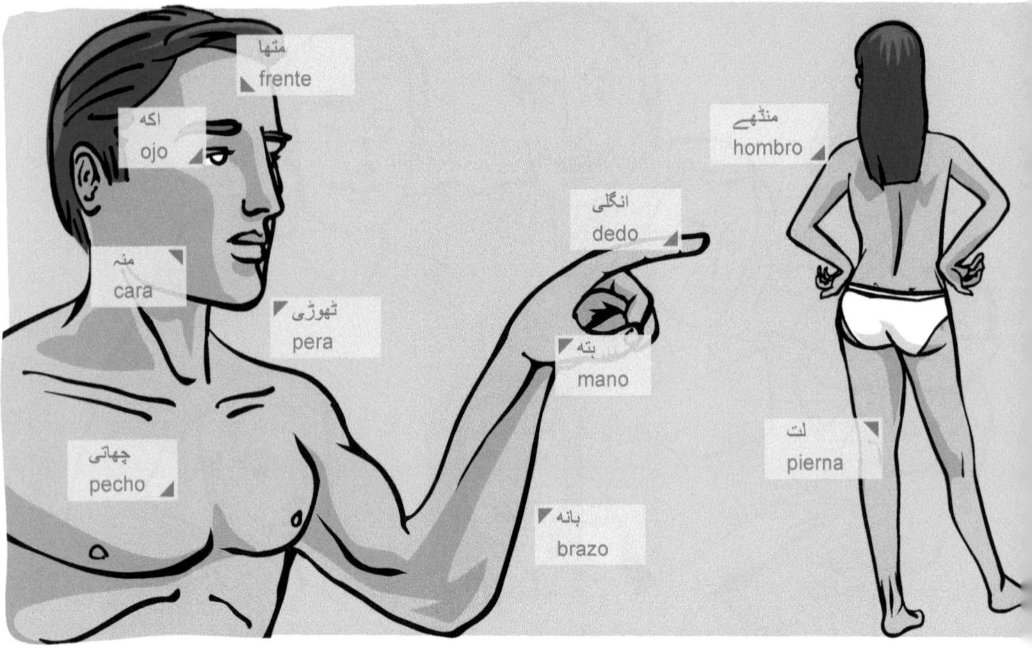

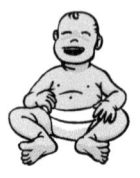

بچہ

bebé

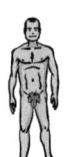

بندہ

hombre

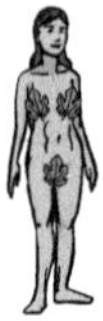

جنانی

mujer

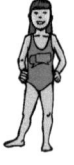

کڑی

nena

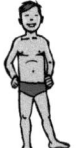

مڑا

nene

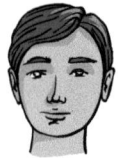

سر

cabeza

کمر

espalda

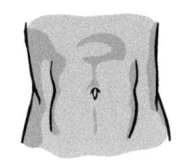

ٹھڈ

panza

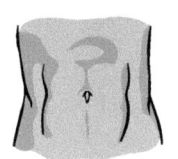

تھنی

ombligo

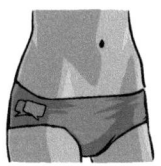

پنجہ

dedo del pie

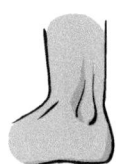

اڑی

talón

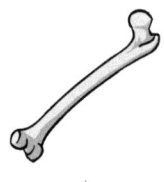

ہڈم

hueso

کولھے

cadera

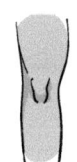

گوڈے

rodilla

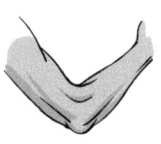

کہنی

codo

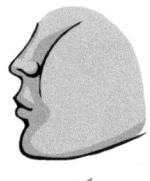

نک

nariz

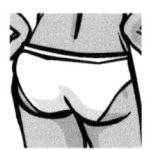

زیر جامہ

cola

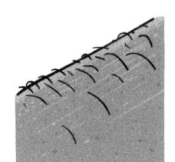

کھل

piel

گلاں

cachete

کن

oreja

بل

labio

منہ

boca

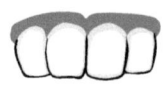

دند

diente

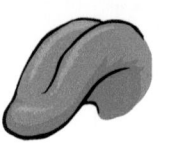

زبان

lengua

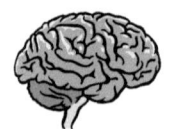

دماغ

cerebro

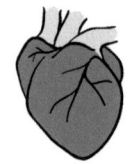

دل

corazón

پٹھے

músculo

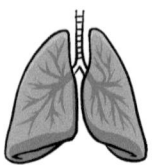

پھیپڑے

pulmón

جگر

hígado

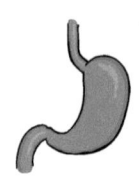

ٹھڈ

estómago

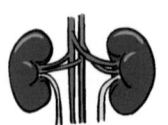

گردے

riñones

جنس

sexo

کنڈم

preservativo

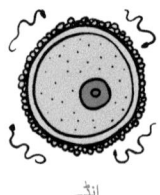

انڈے

óvulo

منی

semen

حمل

embarazo

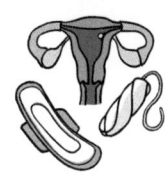

حيض

menstruación

اندام نهانى

vagina

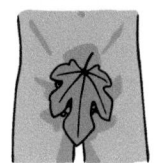

عضو تناسل

pene

بهرو

ceja

بال

pelo

گردن

cuello

ہسپتال
hospital

ہسپتال
hospital
ایمبولنس
ambulancia
وهیل چئیر
silla de ruedas
فریکچر
fractura

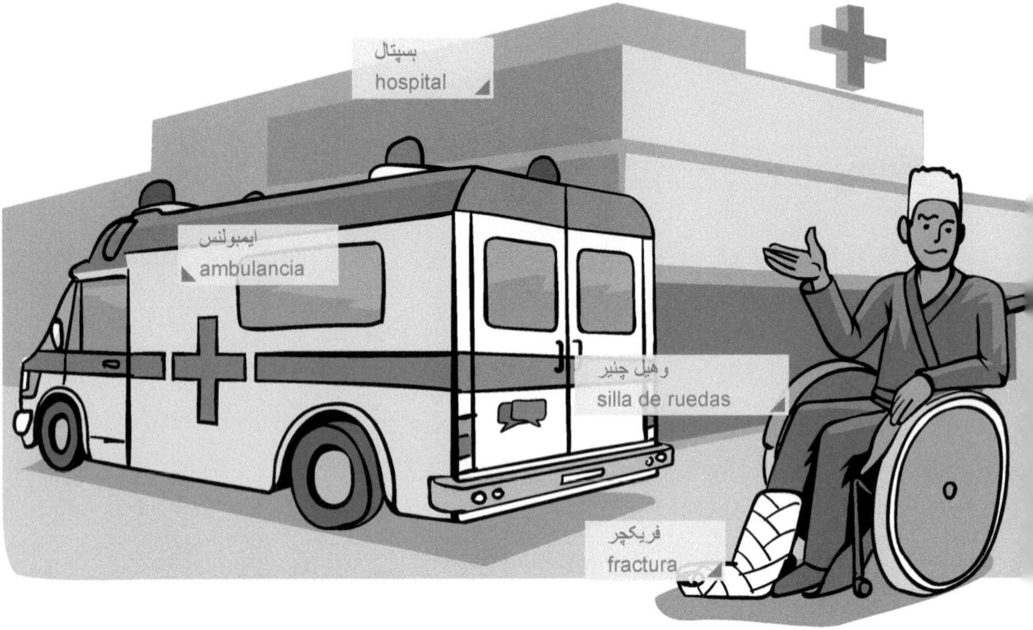

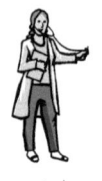

ڈاکٹر

médico

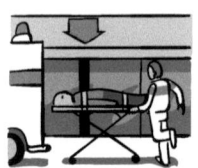

ہنگامی کمرہ

sala de guardia

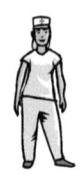

نرس

enfermera

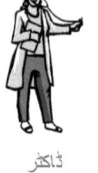

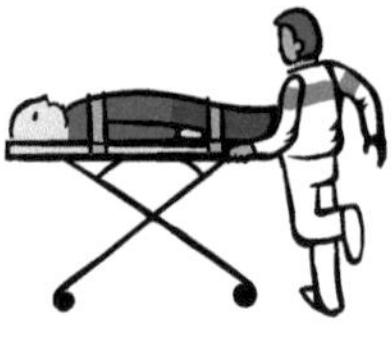

ایمرجنسی

emergencia

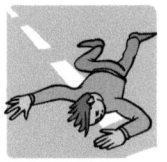

بے ہوش

inconsciente

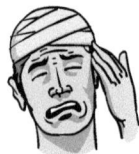

درد

dolor

سٹ

lesión

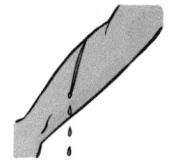

خون نکلنا

hemorragia

دل نا دوره

infarto

فالج

ACV

الرجی

alergia

کھنگ

tos

تپ

fiebre

نزلہ

gripe

اسہال

diarrea

سر درد

dolor de cabeza

کینسر

cáncer

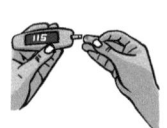

شوگر(ذیابطس)

diabetes

سرجن

cirujano

سکیلپیل

bisturí

آپریشن

operación

سی ٹی

TC

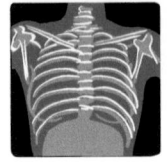

ایکسرے

rayos x

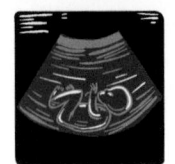

الٹرا ساؤنڈ

ecografía

چہرہ نا ماسک

barbijo

بماری

enfermedad

انتظار گاہ

sala de espera

بیساکھی

muleta

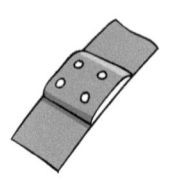

پلستر

curita

پٹی

venda

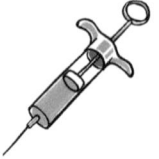

ٹیکہ

inyección

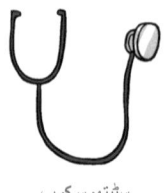

سٹیتھوسکوپ

estetoscopio

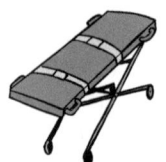

اسٹریچر

camilla

کلینکل تھرمومیٹر

termómetro

پیدائش

nacimiento

زائدالوزن

sobrepeso

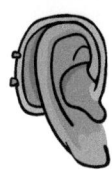

سنن لئى آله

audífono

جراثيم كش

desinfectante

متعدى مرض

infección

وائرس

virus

HIV/AIDS

VIH / SIDA

دوائى

remedio

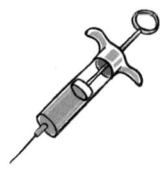

ويكسينيشن

vacunación

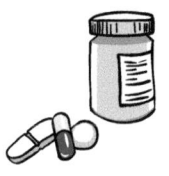

گوليان

comprimidos

گولى

pastilla anticonceptiva

بنگامى كال

llamada de emergencia

بلڈ پريشر مانيٹر

tensiómetro

بيمار / صحتمند

enfermo / sano

مدد!

¡Ayuda!

الارم

alarma

حملہ

agresión

حملہ

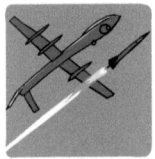

ataque

خطرہ

peligro

بنگامی اخراج

salida de emergencia

اگ!

¡Fuego!

اگ بجاهن والا آلہ

matafuego

حادثہ

accidente

فرسٹ ایڈ کٹ

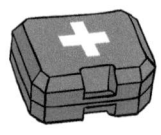

botiquín de primeros
auxilios

SOS

SOS

پلس

policía

يورپ

Europa

شمالی امریکہ

América del Norte

جنوبی امریکہ

América del Sur

افریقہ

África

ایشیاء

Asia

آسٹریلیا

Australia

اٹلانٹک

Atlántico

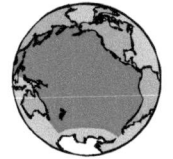

پیسیفک

Pacífico

بحیرہ ہند

Océano Índico

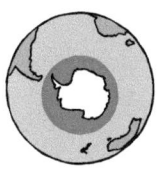

بحیرہ انٹارکٹک

Océano Antártico

بحیرہ آرکٹیک

Océano Ártico

قطب شمالی

polo norte

قطب جنوبى

polo sur

انثاركثيكا

Antártida

زمين

Tierra

خشكى

tierra

سمندر

mar

جزيره

isla

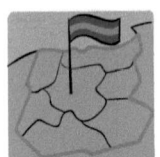

قوم

nación

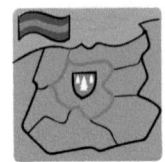

رياست

estado

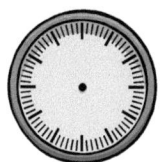

کلاک فیس

esfera

نکی سوئی

manecilla de las horas

وڈی سوئی

minutero

سیکنڈ ہینڈ

segundero

کی ٹائم ہویا اے؟

¿Qué hora es?

دن

día

وقت

hora

ہون

ahora

ڈیجیٹل گھڑی

reloj digital

منٹ

minuto

گھنٹہ

hora

semana

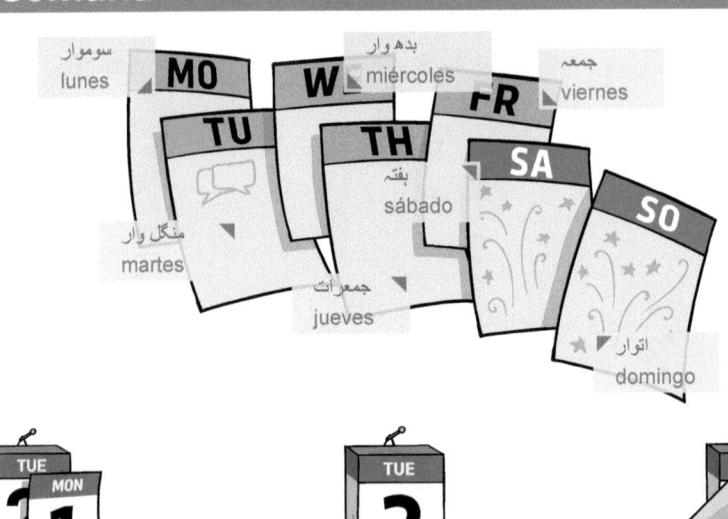

سوموار
lunes

بدھ وار
miércoles

جمعہ
viernes

MO

W

FR

TU

TH

SA

SO

منگل وار
martes

ہفتہ
sábado

جمعرات
jueves

اتوار
domingo

کل
....
ayer

اج
....
hoy

کل
....
mañana

سویر
....
mañana

دوپہر
....
mediodía

شام
....
tarde

MO	TU	WE	TH	FR	SA	SU
1	2	3	4	5	6	7
8	9	10	11	12	13	14
15	16	17	18	19	20	21
22	23	24	25	26	27	28
29	30	31	1	2	3	4

کاروباری دن
....
días hábiles

MO	TU	WE	TH	FR	SA	SU
1	2	3	4	5	6	7
8	9	10	11	12	13	14
15	16	17	18	19	20	21
22	23	24	25	26	27	28
29	30	31	1	2	3	4

ویک اینڈ
....
fin de semana

سال

año

بارش
lluvia
رین بو
arco iris
برف
nieve
ہوا
viento
بہار
primavera
خزاں
otoño
گرمی
verano
سردی
invierno

4.APRIL 11°
5.APRIL 4°
6.APRIL 13°
7.APRIL 8°
8.APRIL 10°

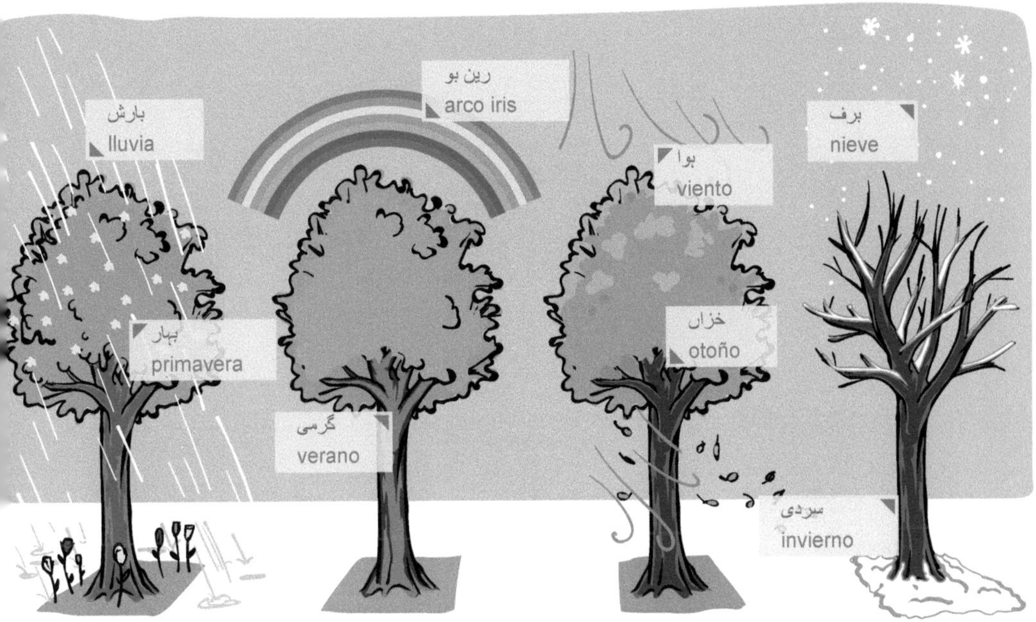

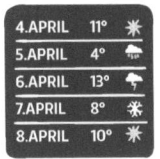

موسمی پیشگوئی

pronóstico meteorológico

F C
120 40
90 30
60 20
30 10
0 0
-30 -10
-20

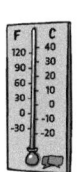

تھرمامیٹر

termómetro

سورج نے چمک

luz del sol

بدل

nube

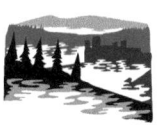

دھند

niebla

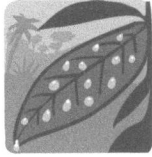

نمی

humedad

بجلی کڑکنا

rayo

گرج

trueno

نهیری

tormenta

اولے

granizo

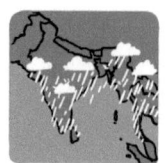

ساون

monzón

سیلاب

inundación

برف

hielo

جنوری

enero

فروری

febrero

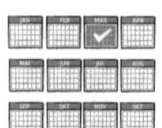

مارچ

marzo

اپریل

abril

مئی

mayo

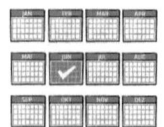

جون

junio

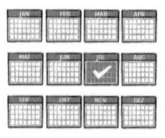

جولائی

julio

اگست

agosto

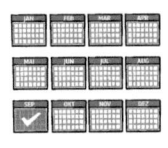

ستمبر
....
septiembre

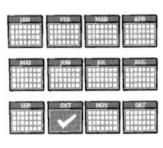

اكتوبر
....
octubre

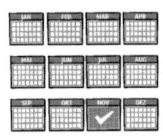

نومبر
....
noviembre

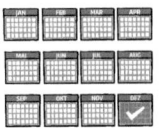

دسمبر
....
diciembre

شكلاں

formas

گول
....
círculo

چوكور
....
cuadrado

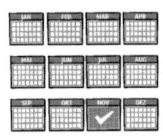

مستطيل
....
rectángulo

مثلث
....
triángulo

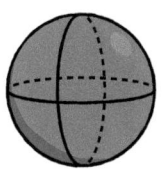

دائره نما
....
esfera

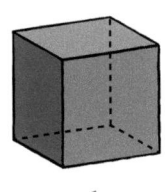

مكعب
....
cubo

چٹا

blanco

پيلا

amarillo

نارنجی

naranja

گلابی

rosa

رتا

rojo

جامنی

violeta

نيلا

azul

برا

verde

کتهنی

marrón

سرمئی

gris

کالا

negro

زیاده / گهٹ

mucho / poco

ناراض / پرسکون

enojado / tranquilo

خوبصورت / بدصورت

lindo / feo

ابتداء / اختتام

principio / fin

وٹا / نکا

grande / chico

روشن / نهيرا

claro / oscuro

بهرا / بہن

hermano / hermana

صاف / گندا

limpio / sucio

مکمل / نا مکمل

completo / incompleto

دن / رات

día / noche

مرده / اندہ

muerto / vivo

چوڑا / تنگ

ancho / angosto

خوردنی / ناقابل خوردنی

comestible / no comestible

پھیڑا / چنگا

malo / amable

خوش / ناخوش

entusiasmado / aburrido

موٹا / پتلا

gordo / flaco

پہلا / آخری

primero / último

دوست / دشمن

amigo / enemigo

بھریا / خالی

lleno / vacío

سخت / نرم

duro / blando

بھاری / ہلکا

pesado / liviano

بھوک / پیاس

hambre / sed

بیمار / صحتمند

enfermo / sano

قانونی / غیر قانونی

ilegal / legal

ذہین / بیوقوف

inteligente / estúpido

کھبا / سجا

izquierda / derecha

کولے / دور

cerca / lejos

نواں / پرانا
....
nuevo / usado

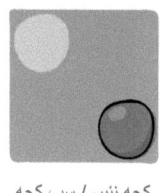

کجہ نئیں / سب کجہ
....
nada / algo

بڈھا / جوان
....
viejo / joven

کھولنا / بند کرنا
....
encendido / apagado

کھولنا / بند کرنا
....
abierto / cerrado

خاموشی / شور
....
silencioso / ruidoso

امیر / غریب
....
rico / pobre

درست / غلط
....
correcto / incorrecto

کھردرا / ہموار
....
áspero / suave

افسردہ / خوش
....
triste / contento

نکا / لما
....
corto / largo

آہستہ / تیز
....
lento / rápido

گیلا / خشک
....
mojado / seco

گرم / ٹھنڈا
....
caliente / frío

جنگ / امن
....
guerra / paz

0

صفر

cero

1

اک

uno

2

دو

dos

3

تن

tres

4

چار

cuatro

5

پنج

cinco

6

چھ

seis

7

ست

siete

8

اٹھ

ocho

9

نو

nueve

10

دس

diez

11

یاران

once

12
باران
doce

13
تیران
trece

14
چودا
catorce

15
پندره
quince

16
سوله
dieciséis

17
ستاراں
diecisiete

18
اٹھاراں
dieciocho

19
انیہ
diecinueve

20
وی
veinte

100
سو
cien

1.000
بزار
mil

1.000.000
ملین
millón

انگریزی

inglés

امریکی انگریزی

inglés americano

چینی مینڈیرین

chino mandarín

ہندی

hindi

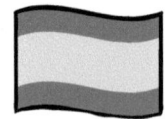

سپینش

español

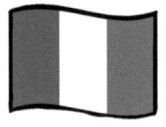

فرینچ

francés

عربی

árabe

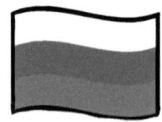

رشئین

ruso

پرتگالی

portugués

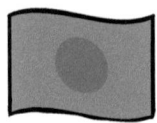

بنگالی

bengalí

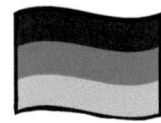

جرمن

alemán

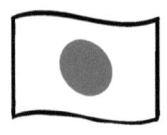

جاپانی

japonés

میں

yo

توں

vos

وہ/اوہ/ایہہ

él / ella

اسیں

nosotros

توں

ustedes

او

ellos

کون؟

¿quién?

کی؟

¿qué?

کیویں؟

¿cómo?

کتھے؟

¿dónde?

کدوں؟

¿cuándo?

ناں

nombre

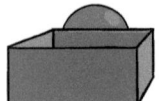

پچھے

detrás

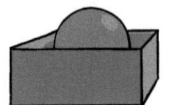

وچ

en

نے سامنے

adelante de

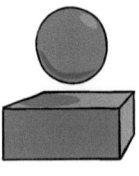

تے

por encima de

تے

sobre

ہیٹھ

debajo de

سوا

al lado de

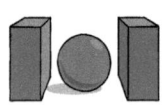

مابین

entre

جگہ

lugar